SESAME STREET

BIEN JUGADO

GUÍA DE SESAME STREET PARA TENER ESPÍRITU DEPORTIVO

Charlotte Reed

ediciones Lerner ◆ Mineápolis

¡En esta guía, Elmo, Big Bird, Abby Cadabby y sus amigos de *Sesame Street* aprenden qué significa tener espíritu deportivo! Mientras la recorren, los niños conocerán la importancia de trabajar en equipo, cumplir las reglas, jugar limpio y esforzarse por hacer lo mejor. Con ejemplos y sugerencias, esta guía ofrece habilidades para ayudar a los lectores a ser más inteligentes, fuertes y amables.

Saludos.
Los editores de Sesame Workshop

CONTENIDO

INTRODUCCIÓN

¡Qué divertido es jugar! Cuando juegas con otras personas, debes tener espíritu deportivo.

¡Aprendamos qué significa tener espíritu deportivo!

¿QUÉ ES TENER ESPÍRITU DEPORTIVO?

Cuando juegas limpio, eso significa que tienes espíritu deportivo. Cumples las reglas.

Si no conoces las reglas, puedes preguntarle a un adulto.

Cuando tienes espíritu deportivo, haces tu mayor esfuerzo. Siempre tienes deseos de aprender.

¿Cuál fue tu último juego?

Quienes tienen espíritu deportivo se aseguran de que todos estén incluidos. Todos deben tener la posibilidad de jugar y sentirse bienvenidos.

¡Invitar a alguien a unirse a tu juego es una excelente manera de ser amigos!

Puedes tener espíritu deportivo motivando a los demás. Puedes alentar a tus compañeros cuando atrapan un balón.

Si alguien se cae, puedes mostrar espíritu deportivo ayudándolo.

Si mi compañero de equipo pierde el balón, le digo: "¡Buen intento!".

Cuando juegan en un mismo equipo, trabajan juntos. A eso se lo llama trabajo en equipo.

¿Cómo se puede ser un buen compañero de equipo?

Algunas veces, ganarás. Debes sentir orgullo por ganar, y ser amable con la otra persona o equipo.

Cuando le gano
un juego de damas
a Enrique, siempre
le pregunto si quiere
jugar de nuevo.

Algunas veces, perderás. Está bien sentirse triste, pero debes tener espíritu deportivo y felicitar al otro equipo.

Cuando termina un partido, puedes decir: "¡Bien jugado!". Esta es una manera de demostrar amabilidad y tener espíritu deportivo.

¡Pueden darse la mano o chocar los cinco!

Puedes tener espíritu deportivo de muchas maneras. Una persona con espíritu deportivo juega con respeto.

Nombra algunas maneras en las que puedes demostrar espíritu deportivo.

El espíritu deportivo ayuda a hacer que los juegos sean divertidos para todos. Intenta hacer lo mejor, jugar limpio y tratar a todos con amabilidad.

¡Elmo está listo para tener espíritu deportivo con sus amigos de Sesame Street!

¿QUÉ HARÍAS TÚ?

Si tu equipo pierde un partido, ¿qué le dirías a tu equipo? ¿Qué le dirías al equipo que ganó?

¡No importa quién gana o pierde, siempre que todos se diviertan!

GLOSARIO

felicitar: celebrar cuando otra persona gana

reglas: lineamientos de un juego que ayudan a hacer que sea seguro y divertido

respeto: cuando tratas a otras personas de la manera que te gustaría que te traten

trabajo en equipo: trabajar juntos

OTROS TÍTULOS

Colella, Jill. *Sigue intentándolo con Abby: Un libro sobre la persistencia*. Mineápolis: ediciones Lerner, 2024.

Peters, Katie. *Playing Fair*. Mineápolis: Lerner Publications, 2022.

Rains, Dalton. *Sportsmanship*. Mendota Heights, MN: Little Blue House, 2023.

CRÉDITOS POR LAS FOTOGRAFÍAS

Créditos de las imágenes: HappyKids/E+/Getty Images, p. 4; monkeybusinessimages/iStock/Getty Images, pp. 6, 10; RonTech2000/iStock/Getty Images, p. 9; Lopolo/Shutterstock, p. 13; nirat/iStock/Getty Images, p. 14; Wavebreakmedia/iStock/Getty Images, p. 17; Giselleflissak/E+/Getty Images, p. 18; SDI Productions/E+/Getty Images, p. 21; pixdeluxe/E+/Getty Images, p. 22; LSOphoto/iStock/Getty Images, p. 25; PeopleImages/iStock/Getty Images, p. 26; bonniej/iStock/Getty Images, p. 28.

ÍNDICE

Dedicado a la familia Reynolds, en honor a las noches de juego

La traducción al español fue realizada por Zab Translation.

ediciones Lerner
Una división de Lerner Publishing Group, Inc.
241 First Avenue North
Mineápolis, MN 55401, EE. UU.

Si desea averiguar acerca de niveles de lectura y para obtener más información, favor consultar este título en www.lernerbooks.com.

Fuente del texto del cuerpo principal: Mikado.
Fuente proporcionada por HvD Fonts.

Library of Congress Cataloging-in-Publication Data

Names: Reed, Charlotte, 1997–author | Zab Translation Solutions translator
Title: Bien jugado : guía de Sesame Street para tener espíritu deportivo / Charlotte Reed ; translated by Zab Translation.
Other titles: Good game. Spanish | Guía de Sesame Street para tener espíritu deportivo
Description: Minneapolis : Ediciones Lerner, [2026] | Original title: Good Game: A Sesame Street Guide to Being a Good Sport. | Includes bibliographical references and index. | Audience: Ages 4–8 | Audience: Grades K–1 | Summary: "Join Elmo, Big Bird, Abby Cadabby, and their friends from Sesame Street and learn what it means to be a good sport! Now in Spanish!"—Provided by publisher.
Identifiers: LCCN 2025011276 (print) | LCCN 2025011277 (ebook) | ISBN 9798765690208 (lib. bdg.) | ISBN 9798348028220 (pbk) | ISBN 9798765692165 (epub)
Subjects: LCSH: Sportsmanship—Juvenile literature | Sesame Street (Television program)
Classification: LCC GV706.3 .R43618 2026 (print) | LCC GV706.3 (ebook) | DDC 175–dc23/eng/20250530

Fabricado en los Estados Unidos de América
1-1012584-54891-4/23/2025